Theo von Taane

FUNCRAFT
Das inoffizielle
Hausaufgabenbuch
für Minecraft Fans
Schuljahr 2016/17

Alle Angaben ohne Gewähr

KEIN OFFIZIELLES MINECRAFT-PRODUKT. NICHT VON MOJANG GENEHMIGT ODER MIT MOJANG VERBUNDEN.

Bibliografische Information der Deutschen Nationalbibliothek:
Die Deutsche Nationalbibliothek verzeichnet diese Publikation in der Deutschen Nationalbibliografie; detaillierte bibliografische Daten sind im Internet über http://dnb.dnb.de abrufbar.

© 2017 Theo von Taane; 3. Auflage

Texte und Illustrationen: **Theo von Taane**

Herstellung und Verlag: BoD – Books on Demand, Norderstedt

ISBN: 9783743177666

Persönliches / Personal

Schule / School

Im Notfall benachrichtigen / Emergency notify

Ferien Deutschland 2016 / 2017

	2016		2017			
	Herbst	Weihnachten	Winter	Ostern	Pfingsten	Sommer
Baden-Württemberg	31.10./02.11. - 04.11.*	23.12. - 07.01.	-	10.04. - 21.04.	06.06. - 16.06.	27.07. - 09.09.
Bayern	31.10. - 04.11./16.11.*	24.12. - 05.01.	27.02. - 03.03.*	10.04. - 22.04.	06.06. - 16.06.	29.07. - 11.09.
Berlin	17.10. - 28.10.	23.12. - 03.01.	30.01. - 04.02.	10.04. - 18.04.	24.05. / 26.05.*	20.07. - 01.09.
Brandenburg	17.10. - 28.10.	23.12. - 03.01.	30.01. - 04.02.	10.04. - 22.04.*	26.05.*	20.07. - 01.09.
Bremen	04.10. - 15.10.	21.12. - 06.01.	30.01. - 31.01.	10.04. - 22.04.	26.05. / 06.06.*	22.06. - 02.08.
Hamburg	17.10. - 28.10.	27.12. - 06.01.	30.01.	06.03. - 17.03.	22.05. - 26.05.	20.07. - 30.08.
Hessen	17.10. - 29.10.	22.12. - 07.01.	-	03.04. - 15.04.	-	03.07. - 11.08.
Mecklenburg-Vorp.	24.10. - 28.10.	22.12. - 02.01.	06.02. - 18.02.	10.04. - 19.04.	02.06. - 06.06.	24.07. - 02.09.
Niedersachsen	04.10. - 15.10.	21.12. - 06.01.	30.01. - 31.01.	10.04. - 22.04.	26.05. / 06.06.	22.06. - 02.08.*
Nordrhein-Westfalen	10.10. - 21.10.	23.12. - 06.01.	-	10.04. - 22.04.	06.06.	17.07. - 29.08.
Rheinland-Pfalz	10.10. - 21.10.	22.12. - 06.01.	-	10.04. - 21.04.	-	03.07. - 11.08.
Saarland	10.10. - 22.10.	19.12. - 31.12.	27.02. - 04.03.	10.04. - 22.04.	-	03.07. - 14.08.
Sachsen	03.10. - 15.10.	23.12. - 02.01.	13.02. - 24.02.	13.04. - 22.04.	26.05.*	26.06. - 04.08.
Sachsen-Anhalt	04.10. - 15.10.	19.12. - 02.01.	04.02. - 11.02.	10.04. - 13.04.	26.05.	26.06. - 09.08.
Schleswig-Holstein	17.10. - 29.10.	23.12. - 06.01.	-	07.04. - 21.04.	26.05.	24.07. - 02.09.*
Thüringen	10.10. - 22.10.	23.12. - 31.12.	06.02. - 11.02.	10.04. - 21.04.	26.05.	26.06. - 09.08.

Gesetzliche Feiertage Deutschland 2016 / 2017

Jahr	Datum	Feiertag	BW	BY	BE	BB	HB	HH	HE	MV	NI	NW	RP	SL	SN	ST	SH	TH
2016	Mo 03.10	TAG DER DEUTSCHEN EINHEIT	x	x	x	x	x	x	x	x	x	x	x	x	x	x	x	x
2016	Mo 31.10	REFORMATIONSTAG				x				x					x	x		x
2016	Di 01.11	ALLERHEILIGEN	x	x								x	x	x				
2016	Mi 16.11	BUß- UND BETTAG													x			
2016	So 25.12	1. WEIHNACHTSTAG	x	x	x	x	x	x	x	x	x	x	x	x	x	x	x	x
2016	Mo 26.12	2. WEIHNACHTSTAG	x	x	x	x	x	x	x	x	x	x	x	x	x	x	x	x
2017	So 01.01	NEUJAHR	x	x	x	x	x	x	x	x	x	x	x	x	x	x	x	x
2017	Fr 06.01	HEILIGE DREI KÖNIGE	x	x												x		
2017	Fr 14.04	KARFREITAG	x	x	x	x	x	x	x	x	x	x	x	x	x	x	x	x
2017	So 16.04	OSTERSONNTAG				x												
2017	Mo 17.04	OSTERMONTAG	x	x	x	x	x	x	x	x	x	x	x	x	x	x	x	x
2017	Mo 01.05	TAG DER ARBEIT	x	x	x	x	x	x	x	x	x	x	x	x	x	x	x	x
2017	Do 25.05	Christi Himmelfahrt	x	x	x	x	x	x	x	x	x	x	x	x	x	x	x	x
2017	So 04.06	PFINGSTSONNTAG				x												
2017	Mo 05.06	PFINGSTMONTAG	x	x	x	x	x	x	x	x	x	x	x	x	x	x	x	x
2017	Do 15.06	FRONLEICHNAM	x	x					x			x	x	x				
2017	Di 15.08	MARIA HIMMELFAHRT		x										x				
2017	Di 03.10	TAG DER DEUTSCHEN EINHEIT	x	x	x	x	x	x	x	x	x	x	x	x	x	x	x	x
2017	Di 31.10	REFORMATIONSTAG	x	x	x	x	x	x	x	x	x	x	x	x	x	x	x	x
2017	Mi 01.11	ALLERHEILIGEN	x	x								x	x	x				
2017	Mi 22.11	BUß- UND BETTAG													x			
2017	Mo 25.12	1. WEIHNACHTSTAG	x	x	x	x	x	x	x	x	x	x	x	x	x	x	x	x
2017	Di 26.12	2. WEIHNACHTSTAG	x	x	x	x	x	x	x	x	x	x	x	x	x	x	x	x

States: BW = Baden-Württemberg, BY = Bayern, BE = Berlin, BB = Brandenburg, HB = Bremen, HH = Hamburg, HE = Hessen, MV = Mecklenburg-Vorp., NI = Niedersachsen, NW = NRW, RP = Rheinland-Pfalz, SL = Saarland, SN = Sachsen, ST = Sachsen-Anhalt, SH = Schleswig-Holstein, TH = Thüringen

Ferien Österreich 2016 / 2017

	2016		2017			
	Sommerferien	Weihnachtsferien	Semesterferien	Osterferien	Pfingstferien	Sommerferien
Burgenland	02.07. - 03.09.	24.12. - 07.01.	13.02. - 18.02.	08.04. - 18.04.	03.06. - 06.06.	01.07. - 03.09.
Kärnten	09.07. - 10.09.	24.12. - 07.01.	13.02. - 18.02.	08.04. - 18.04.	03.06. - 06.06.	08.07. - 10.09.
Niederösterreich	02.07. - 03.09.	24.12. - 07.01.	06.02. - 11.02.	08.04. - 18.04.	03.06. - 06.06.	01.07. - 03.09.
Oberösterreich	09.07. - 10.09.	24.12. - 07.01.	20.02. - 25.02.	08.04. - 18.04.	03.06. - 06.06.	08.07. - 10.09.
Salzburg	09.07. - 10.09.	24.12. - 07.01.	13.02. - 18.02.	08.04. - 18.04.	03.06. - 06.06.	08.07. - 10.09.
Steiermark	09.07. - 10.09.	24.12. - 07.01.	20.02. - 25.02.	08.04. - 18.04.	03.06. - 06.06.	08.07. - 10.09.
Tirol	09.07. - 10.09.	24.12. - 07.01.	13.02. - 18.02.	08.04. - 18.04.	03.06. - 06.06.	08.07. - 10.09.
Vorarlberg	09.07. - 10.09.	24.12. - 07.01.	13.02. - 18.02.	08.04. - 18.04.	03.06. - 06.06.	08.07. - 10.09.
Wien	02.07. - 03.09.	24.12. - 07.01.	06.02. - 11.02.	08.04. - 18.04.	03.06. - 06.06.	01.07. - 03.09.

Gesetzliche Feiertage Österreich 2015 / 2016

2016

Feiertag	Burgenland	Kärnten	Niederösterreich	Oberösterreich	Salzburg	Steiermark	Tirol	Vorarlberg	Wien
Mo 10.10. TAG DER VOLKSABSTIMMUNG		×							
Mi 26.10. NATIONALFEIERTAG	×	×	×	×	×	×	×	×	×
Di 01.11. ALLERHEILIGEN	×	×	×	×	×	×	×	×	×
Fr 11.11. ST. MARTIN	×								
Di 15.11. ST. LEOPOLD			×						×
Do 08.12. MARIA EMPFÄNGNIS	×	×	×	×	×	×	×	×	×
Sa 24.12. HEILIGER ABEND	×	×	×	×	×	×	×	×	×
So 25.12. WEIHNACHTEN	×	×	×	×	×	×	×	×	×
Mo 26.12. STEFANITAG	×	×	×	×	×	×	×	×	×
Sa 31.12. SILVESTER	×	×	×	×	×	×	×	×	×

2017

Feiertag	Burgenland	Kärnten	Niederösterreich	Oberösterreich	Salzburg	Steiermark	Tirol	Vorarlberg	Wien
So 01.01. NEUJAHR	×	×	×	×	×	×	×	×	×
Fr 06.01. HEILIGE DREI KÖNIGE	×	×	×	×	×	×	×	×	×
So 19.03. ST. JOSEF		×			×	×	×		
Fr 14.04. KARFREITAG	×	×	×	×	×	×	×	×	×
Mo 17.04. OSTERMONTAG	×	×	×	×	×	×	×	×	×
Mo 01.05. STAATSFEIERTAG	×	×	×	×	×	×	×	×	×
Do 04.05. ST. FLORIAN				×					
Do 25.05. CHRISTI HIMMELFAHRT	×	×	×	×	×	×	×	×	×
Mo 05.06. PFINGSTMONTAG	×	×	×	×	×	×	×	×	×
Do 15.06. FRONLEICHNAM	×	×	×	×	×	×	×	×	×
Di 15.08. MARIA HIMMELFAHRT	×	×	×	×	×	×	×	×	×
So 24.09. ST. RUPERT					×				
Di 10.10. TAG DER VOLKSABSTIMMUNG		×							
Do 26.10. NATIONALFEIERTAG	×	×	×	×	×	×	×	×	×
Mi 01.11. ALLERHEILIGEN	×	×	×	×	×	×	×	×	×
Sa 11.11. ST. MARTIN	×								
Mi 15.11. ST. LEOPOLD			×						×
Fr 08.12. MARIA EMPFÄNGNIS	×	×	×	×	×	×	×	×	×
So 24.12. HEILIGER ABEND	×	×	×	×	×	×	×	×	×
Mo 25.12. WEIHNACHTEN	×	×	×	×	×	×	×	×	×
Di 26.12. STEFANITAG	×	×	×	×	×	×	×	×	×
So 31.12. SILVESTER	×	×	×	×	×	×	×	×	×

Ferien Schweiz 2016 / 2017

	2016		2017		
	Herbst	Weihnachten	Sport	Fruehling	Sommer
Aargau (alle Schulen)	01.10. - 16.10.	23.12. - 08.01.	-	08.04. - 23.04.	22.07. - 13.08.
Appenzell Ausserrhoden (alle Schulen)	08.10. - 23.10.	24.12. - 03.01.	28.01. - 05.02.*	08.04. - 23.04.	08.07. - 13.08.
Appenzell Innerrhoden (alle Schulen)	08.10. - 23.10.	24.12. - 08.01.	24.02. - 05.03.	08.04. - 23.04.	01.07. - 13.08.
Appenzell Innerrhoden (Oberegg)	01.10. - 23.10.	24.12. - 08.01.	28.01. - 05.02.	08.04. - 23.04.	08.07. - 13.08.
Basel-Land (alle Schulen)	01.10. - 16.10.	24.12. - 02.01.	25.02. - 12.03.	08.04. - 23.04.	01.07. - 13.08.
Basel-Stadt (alle Schulen)	01.10. - 16.10.	24.12. - 03.01.	25.02. - 12.03.	13.04. - 23.04.	01.07. - 13.08.
Bern (kant. Ferienordnung BE-d)	24.09. - 16.10.	24.12. - 08.01.	-	08.04. - 23.04.	08.07. - 13.08.
Bern (kant. Ferienordnung BE-f)	01.10. - 16.10.	24.12. - 08.01.	-	01.04. - 17.04.	01.07. - 13.08.
Freiburg (Ecoles primaires (ville))	15.10. - 30.10.	24.12. - 08.01.	25.02. - 05.03.	08.04. - 23.04.	01.07. - 27.08.
Freiburg (Ecoles sec. II)	15.10. - 30.10.	24.12. - 08.01.	25.02. - 05.03.	08.04. - 23.04.	08.07. - 23.08.
Genf (Toutes les écoles)	22.10. - 30.10.	24.12. - 08.01.	11.02. - 19.02.	13.04. - 23.04.	30.06. - 27.08.
Glarus (alle Schulen)	08.10. - 23.10.	24.12. - 08.01.	28.01. - 05.02.	06.04. - 23.04.	01.07. - 13.08.
Graubünden (Davos Volksschule)	08.10. - 23.10.	24.12. - 08.01.	25.02. - 05.03.	15.04. - 30.04.	01.07. - 20.08.
Graubünden (Bündner Kantonsschule)	08.10. - 23.10.	24.12. - 08.01.	25.02. - 05.03.	15.04. - 30.04.	01.07. - 20.08.
Graubünden (Chur Volksschule)	08.10. - 23.10.	24.12. - 08.01.	25.02. - 05.03.	22.04. - 14.05.	08.07. - 20.08.
Jura (Ecoles publiques)	01.10. - 16.10.	24.12. - 08.01.	13.02. - 17.02.	03.04. - 17.04.	03.07. - 18.08.
Luzern (alle Schulen)	01.10. - 16.10.	24.12. - 08.01.	18.02. - 05.03.	14.04. - 30.04.	08.07. - 20.08.
Neuenburg (Ecole obligatoire)	01.10. - 16.10.	24.12. - 08.01.	25.02. - 05.03.	01.04. - 17.04.	01.07. - 13.08.
Nidwalden (Volksschule)	01.10. - 16.10.	24.12. - 08.01.	18.02. - 05.03.	14.04. - 30.04.	08.07. - 27.08.
Nidwalden (Mittelschule)	01.10. - 16.10.	24.12. - 08.01.	18.02. - 05.03.	14.04. - 30.04.	08.07. - 20.08.
Obwalden (Volksschule)	01.10. - 16.10.	24.12. - 08.01.	23.02. - 05.03.	14.04. - 30.04.	01.07. - 13.08.
Obwalden (Engelberg Volksschule)	01.10. - 23.10.	24.12. - 08.01.	18.02. - 05.03.	14.04. - 30.04.	08.07. - 20.08.
Sankt Gallen (Alle Schulen)	02.10. - 23.10.	25.12. - 08.01.	-	09.04. - 23.04.	09.07. - 13.08.
Schaffhausen (Alle Schulen)	01.10. - 23.10.	24.12. - 02.01.	28.01. - 12.02.	15.04. - 30.04.	08.07. - 13.08.
Schwyz (Volksschule)	01.10. - 16.10.	24.12. - 08.01.	25.02. - 05.03.	29.04. - 14.05.	08.07. - 20.08.
Solothurn (Alle Schulen)	03.10. - 21.10.	26.12. - 06.01.	06.02. - 17.02.	10.04. - 21.04.	10.07. - 11.08.
Tessin (Tutte le scuole)	29.10.	24.12. - 08.01.	25.02. - 05.03.	14.04. - 23.04.	15.06. - 27.08.
Thurgau (Alle Schulen)	08.10. - 23.10.	24.12. - 02.01.	28.01. - 05.02.	01.04. - 17.04.	08.07. - 13.08.
Uri (Alle Schulen)	08.10. - 23.10.	24.12. - 08.01.	18.02. - 05.03.	29.04. - 14.05.	01.07. - 20.08.
Waadt (Toutes les écoles)	15.10. - 30.10.	23.12. - 08.01.	18.02. - 26.02.	08.04. - 23.04.	01.07. - 20.08.
Wallis (Oberwallis)	15.10. - 30.10.	24.12. - 08.01.	25.02. - 05.03.	14.04. - 23.04.	24.06. - 15.08.
Wallis (Romand)	22.10. - 06.11.	24.12. - 08.01.	25.02. - 12.03.	20.05. - 28.05.	29.06. - 15.08.
Zug (Alle Schulen)	08.10. - 23.10.	22.12. - 04.01.	04.02. - 19.02.	15.04. - 30.04.	08.07. - 20.08.
Zürich (Alle Schulen)	08.10. - 23.10.	24.12. - 07.01.	-	15.04. - 30.04.	15.07. - 20.08.

Gesetzliche Feiertage Schweiz 2016 / 2017

	2016				2017																			
	ALLERHEILIGEN	MARIÄ EMPFÄNGNIS	WEIHNACHTEN	STEPHANSTAG	NEUJAHR	BECHTLE	HEILIGE DREI KÖNIGE	JOSEFSTAG	KARFREITAG	OSTERMONTAG	SECHSELÄUTEN	TAG DER ARBEIT	CHRISTI HIMMELFAHRT	PFINGSTMONTAG	FRONLEICHNAM	PETER UND PAUL	NATIONALFEIERTAG SCHWEIZ	MARIÄ HIMMELFAHRT	GENFER BETTAG	ALLERHEILIGEN	MARIÄ EMPFÄNGNIS	WEIHNACHTEN	STEPHANSTAG
	Di 01.11	Do 08.12	So 25.12	Mo 26.12	So 01.01	Mo 02.01	Fr 06.01	So 19.03	Fr 14.04	Mo 17.04	Mo 17.04	Mo 01.05	Do 25.05	Mo 05.06	Do 15.06	Do 29.06	Di 01.08	Di 15.08	Do 07.09	Mi 01.11	Fr 08.12	Mo 25.12	Di 26.12
Aargau (alle Schulen)	x	x	x	x	x	x			x	x		x	x	x	x		x	x		x	x	x	x
Appenzell Ausserrhoden (alle Schulen)			x	x	x				x	x			x	x			x					x	x
Appenzell Innerrhoden (alle Schulen)	x	x	x	x	x				x	x			x	x	x		x	x		x	x	x	x
Appenzell Innerrhoden (Oberegg)	x	x	x	x	x				x	x			x	x	x		x	x		x	x	x	x
Basel-Land (alle Schulen)		x	x	x	x				x	x		x	x	x	x		x					x	x
Basel-Stadt (alle Schulen)		x	x	x	x				x	x		x	x	x			x					x	x
Bern (kant. Ferienordnung BE-d)		x	x	x	x	x			x	x			x	x			x					x	x
Bern (kant. Ferienordnung BE-f)		x	x	x	x	x			x	x			x	x			x					x	x
Freiburg (Ecoles primaires (ville))	x	x	x		x				x			x	x		x		x	x		x	x	x	
Freiburg (Ecoles sec. II)	x	x	x		x				x			x	x		x		x	x		x	x	x	
Genf (Toutes les écoles)		x		x	x				x	x			x	x			x		x			x	
Glarus (alle Schulen)	x		x	x	x				x	x			x	x			x			x		x	x
Graubünden (Bündner Kantonsschule)	x	x	x	x	x		x	x	x	x			x	x	x	x	x			x	x	x	x
Graubünden (Davos Volksschule)	x	x	x	x	x		x	x	x	x			x	x	x	x	x			x	x	x	x
Graubünden (Chur Volksschule)	x	x	x	x	x		x	x	x	x			x	x	x	x	x			x	x	x	x
Jura (Ecoles publiques)	x		x		x	x			x	x		x	x	x	x		x			x		x	
Luzern (alle Schulen)	x	x	x	x	x			x	x	x			x		x	x	x	x		x	x	x	x
Neuenburg (Ecole obligatoire)		x			x				x			x	x				x					x	
Nidwalden (Volksschule)	x	x	x	x	x			x	x	x			x		x		x	x		x	x	x	x
Nidwalden (Mittelschule)	x	x	x	x	x			x	x	x			x		x		x	x		x	x	x	x
Obwalden (Engelberg Volksschule)	x	x	x	x	x				x				x		x		x	x		x	x	x	x
Obwalden (Volksschule)	x	x	x	x	x				x				x		x		x	x		x	x	x	x
Sankt Gallen (alle Schulen)	x		x	x	x				x	x			x	x			x			x		x	x
Schaffhausen (alle Schulen)		x	x	x	x				x			x	x	x			x			x		x	x
Schwyz (Volksschule)	x	x	x	x	x		x	x	x	x			x	x	x		x	x		x	x	x	x
Solothurn (alle Schulen)	x	x	x	x	x				x	x		x	x	x	x		x	x		x	x	x	x
Tessin (Tutte le scuole)	x	x	x	x	x		x	x		x		x	x	x	x	x	x	x		x	x	x	x
Thurgau (alle Schulen)		x	x	x	x	x			x	x		x	x	x			x					x	x
Uri (alle Schulen)	x	x	x	x	x		x	x	x	x			x	x	x		x	x		x	x	x	x
Waadt (Toutes les écoles)		x			x	x			x	x			x	x			x					x	
Wallis (Oberwallis)	x	x	x		x			x				x		x			x			x	x	x	
Wallis (Romand)	x		x	x	x			x				x		x			x			x	x	x	
Zug (alle Schulen)		x			x			x	x				x		x		x					x	
Zürich (alle Schulen)		x	x	x	x				x	x	x	x	x	x			x	x				x	x

2016

Januar / January 2016

Woche / Week	Mo / Mo	Di / Tu	Mi / We	Do / Th	Fr / Fr	Sa / Sa	So / Su
53					1	2	3
1	4	5	6	7	8	9	10
2	11	12	13	14	15	16	17
3	18	19	20	21	22	23	24
4	25	26	27	28	29	30	31

Februar / February 2016

Woche / Week	Mo / Mo	Di / Tu	Mi / We	Do / Th	Fr / Fr	Sa / Sa	So / Su
5	1	2	3	4	5	6	7
6	8	9	10	11	12	13	14
7	15	16	17	18	19	20	21
8	22	23	24	25	26	27	28
9	29						

März / March 2016

Woche / Week	Mo / Mo	Di / Tu	Mi / We	Do / Th	Fr / Fr	Sa / Sa	So / Su
9		1	2	3	4	5	6
10	7	8	9	10	11	12	13
11	14	15	16	17	18	19	20
12	21	22	23	24	25	26	27
13	28	29	30	31			

April / April 2016

Woche / Week	Mo / Mo	Di / Tu	Mi / We	Do / Th	Fr / Fr	Sa / Sa	So / Su
13					1	2	3
14	4	5	6	7	8	9	10
15	11	12	13	14	15	16	17
16	18	19	20	21	22	23	24
17	25	26	27	28	29	30	

Mai / May 2016

Woche / Week	Mo / Mo	Di / Tu	Mi / We	Do / Th	Fr / Fr	Sa / Sa	So / Su
17							1
18	2	3	4	5	6	7	8
19	9	10	11	12	13	14	15
20	16	17	18	19	20	21	22
21	23	24	25	26	27	28	29
22	30	31					

Juni / June 2016

Woche / Week	Mo / Mo	Di / Tu	Mi / We	Do / Th	Fr / Fr	Sa / Sa	So / Su
22			1	2	3	4	5
23	6	7	8	9	10	11	12
24	13	14	15	16	17	18	19
25	20	21	22	23	24	25	26
26	27	28	29	30			

Juli / July 2016

Woche / Week	Mo / Mo	Di / Tu	Mi / We	Do / Th	Fr / Fr	Sa / Sa	So / Su
26					1	2	3
27	4	5	6	7	8	9	10
28	11	12	13	14	15	16	17
29	18	19	20	21	22	23	24
30	25	26	27	28	29	30	31

August / August 2016

Woche / Week	Mo / Mo	Di / Tu	Mi / We	Do / Th	Fr / Fr	Sa / Sa	So / Su
31	1	2	3	4	5	6	7
32	8	9	10	11	12	13	14
33	15	16	17	18	19	20	21
34	22	23	24	25	26	27	28
35	29	30	31				

September / September 2016

Woche / Week	Mo / Mo	Di / Tu	Mi / We	Do / Th	Fr / Fr	Sa / Sa	So / Su
35				1	2	3	4
36	5	6	7	8	9	10	11
37	12	13	14	15	16	17	18
38	19	20	21	22	23	24	25
39	26	27	28	29	30		

Oktober / October 2016

Woche / Week	Mo / Mo	Di / Tu	Mi / We	Do / Th	Fr / Fr	Sa / Sa	So / Su
39						1	2
40	3	4	5	6	7	8	9
41	10	11	12	13	14	15	16
42	17	18	19	20	21	22	23
43	24	25	26	27	28	29	30
44	31						

November / November 2016

Woche / Week	Mo / Mo	Di / Tu	Mi / We	Do / Th	Fr / Fr	Sa / Sa	So / Su
44		1	2	3	4	5	6
45	7	8	9	10	11	12	13
46	14	15	16	17	18	19	20
47	21	22	23	24	25	26	27
48	28	29	30				

Dezember / December 2016

Woche / Week	Mo / Mo	Di / Tu	Mi / We	Do / Th	Fr / Fr	Sa / Sa	So / Su
48				1	2	3	4
49	5	6	7	8	9	10	11
50	12	13	14	15	16	17	18
51	19	20	21	22	23	24	25
52	26	27	28	29	30	31	

2017

Januar / January 2017

Woche / Week	Mo / Mo Tu	Di / Tu	Mi / We	Do / Th	Fr / Fr	Sa / Sa	So / Su
52							1
1	2	3	4	5	6	7	8
2	9	10	11	12	13	14	15
3	16	17	18	19	20	21	22
4	23	24	25	26	27	28	29
5	30	31					

Februar / February 2017

Woche / Week	Mo	Di	Mi	Do	Fr	Sa	So
5			1	2	3	4	5
6	6	7	8	9	10	11	12
7	13	14	15	16	17	18	19
8	20	21	22	23	24	25	26
9	27	28					

März / March 2017

Woche / Week	Mo	Di	Mi	Do	Fr	Sa	So
9			1	2	3	4	5
10	6	7	8	9	10	11	12
11	13	14	15	16	17	18	19
12	20	21	22	23	24	25	26
13	27	28	29	30	31		

April / April 2017

Woche / Week	Mo	Di	Mi	Do	Fr	Sa	So
13						1	2
14	3	4	5	6	7	8	9
15	10	11	12	13	14	15	16
16	17	18	19	20	21	22	23
17	24	25	26	27	28	29	30

Mai / May 2017

Woche / Week	Mo	Di	Mi	Do	Fr	Sa	So
18	1	2	3	4	5	6	7
19	8	9	10	11	12	13	14
20	15	16	17	18	19	20	21
21	22	23	24	25	26	27	28
22	29	30	31				

Juni / June 2017

Woche / Week	Mo	Di	Mi	Do	Fr	Sa	So
22				1	2	3	4
23	5	6	7	8	9	10	11
24	12	13	14	15	16	17	18
25	19	20	21	22	23	24	25
26	26	27	28	29	30		

Juli / July 2017

Woche / Week	Mo	Di	Mi	Do	Fr	Sa	So
26						1	2
27	3	4	5	6	7	8	9
28	10	11	12	13	14	15	16
29	17	18	19	20	21	22	23
30	24	25	26	27	28	29	30
31	31						

August / August 2017

Woche / Week	Mo	Di	Mi	Do	Fr	Sa	So
31		1	2	3	4	5	6
32	7	8	9	10	11	12	13
33	14	15	16	17	18	19	20
34	21	22	23	24	25	26	27
35	28	29	30	31			

September / September 2017

Woche / Week	Mo	Di	Mi	Do	Fr	Sa	So
35					1	2	3
36	4	5	6	7	8	9	10
37	11	12	13	14	15	16	17
38	18	19	20	21	22	23	24
39	25	26	27	28	29	30	

Oktober / October 2017

Woche / Week	Mo	Di	Mi	Do	Fr	Sa	So
39							1
40	2	3	4	5	6	7	8
41	9	10	11	12	13	14	15
42	16	17	18	19	20	21	22
43	23	24	25	26	27	28	29
44	30	31					

November / November 2017

Woche / Week	Mo	Di	Mi	Do	Fr	Sa	So
44			1	2	3	4	5
45	6	7	8	9	10	11	12
46	13	14	15	16	17	18	19
47	20	21	22	23	24	25	26
48	27	28	29	30			

Dezember / December 2017

Woche / Week	Mo	Di	Mi	Do	Fr	Sa	So
48					1	2	3
49	4	5	6	7	8	9	10
50	11	12	13	14	15	16	17
51	18	19	20	21	22	23	24
52	25	26	27	28	29	30	31

Stundenplan / Timetable

	Montag / Monday	Dienstag / Tuesday	Mittwoch / Wednesday	Donnerstag / Thursday	Freitag / Friday	Samstag / Saturday

Stundenplan / Timetable

	Montag / Monday	Dienstag / Tuesday	Mittwoch / Wednesday	Donnerstag / Thursday	Freitag / Friday	Samstag / Saturday

Stundenplan / Timetable

Montag / Monday									
Dienstag / Tuesday									
Mittwoch / Wednesday									
Donnerstag / Thursday									
Freitag / Friday									
Samstag / Saturday									

Stundenplan / Timetable

	Montag / Monday	Dienstag / Tuesday	Mittwoch / Wednesday	Donnerstag / Thursday	Freitag / Friday	Samstag / Saturday

Notenliste / Results

Fach / Subject	Noten / Marks										Gesamt/ Total

Notenliste / Results

Fach / Subject	Noten / Marks											Gesamt/ Total

Notenliste / Results

Fach / Subject	Noten / Marks										Gesamt / Total

Notenliste / Results

Fach / Subject	Noten / Marks												Gesamt/ Total

AUG / AUG 2016		SEP / SEP 2016		OKT / OCT 2016	
1	Mo / Mo	1	Do / Th	1	Sa / Sa
2	Di / Tu	2	Fr / Fr	2	So / Su
3	Mi /We	3	Sa / Sa	3	Mo / Mo
4	Do / Th	4	So / Su	4	Di / Tu
5	Fr / Fr	5	Mo / Mo	5	Mi /We
6	Sa / Sa	6	Di / Tu	6	Do / Th
7	So / Su	7	Mi /We	7	Fr / Fr
8	Mo / Mo	8	Do / Th	8	Sa / Sa
9	Di / Tu	9	Fr / Fr	9	So / Su
10	Mi /We	10	Sa / Sa	10	Mo / Mo
11	Do / Th	11	So / Su	11	Di / Tu
12	Fr / Fr	12	Mo / Mo	12	Mi /We
13	Sa / Sa	13	Di / Tu	13	Do / Th
14	So / Su	14	Mi /We	14	Fr / Fr
15	Mo / Mo	15	Do / Th	15	Sa / Sa
16	Di / Tu	16	Fr / Fr	16	So / Su
17	Mi /We	17	Sa / Sa	17	Mo / Mo
18	Do / Th	18	So / Su	18	Di / Tu
19	Fr / Fr	19	Mo / Mo	19	Mi /We
20	Sa / Sa	20	Di / Tu	20	Do / Th
21	So / Su	21	Mi /We	21	Fr / Fr
22	Mo / Mo	22	Do / Th	22	Sa / Sa
23	Di / Tu	23	Fr / Fr	23	So / Su
24	Mi /We	24	Sa / Sa	24	Mo / Mo
25	Do / Th	25	So / Su	25	Di / Tu
26	Fr / Fr	26	Mo / Mo	26	Mi /We
27	Sa / Sa	27	Di / Tu	27	Do / Th
28	So / Su	28	Mi /We	28	Fr / Fr
29	Mo / Mo	29	Do / Th	29	Sa / Sa
30	Di / Tu	30	Fr / Fr	30	So / Su
31	Mi /We			31	Mo / Mo

NOV / NOV 2016		DEZ / DEC 2016		JAN / JAN 2017	
1	Di / Tu	1	Do / Th	1	So / Su
2	Mi /We	2	Fr / Fr	2	Mo / Mo
3	Do / Th	3	Sa / Sa	3	Di / Tu
4	Fr / Fr	4	So / Su	4	Mi /We
5	Sa / Sa	5	Mo / Mo	5	Do / Th
6	So / Su	6	Di / Tu	6	Fr / Fr
7	Mo / Mo	7	Mi /We	7	Sa / Sa
8	Di / Tu	8	Do / Th	8	So / Su
9	Mi /We	9	Fr / Fr	9	Mo / Mo
10	Do / Th	10	Sa / Sa	10	Di / Tu
11	Fr / Fr	11	So / Su	11	Mi /We
12	Sa / Sa	12	Mo / Mo	12	Do / Th
13	So / Su	13	Di / Tu	13	Fr / Fr
14	Mo / Mo	14	Mi /We	14	Sa / Sa
15	Di / Tu	15	Do / Th	15	So / Su
16	Mi /We	16	Fr / Fr	16	Mo / Mo
17	Do / Th	17	Sa / Sa	17	Di / Tu
18	Fr / Fr	18	So / Su	18	Mi /We
19	Sa / Sa	19	Mo / Mo	19	Do / Th
20	So / Su	20	Di / Tu	20	Fr / Fr
21	Mo / Mo	21	Mi /We	21	Sa / Sa
22	Di / Tu	22	Do / Th	22	So / Su
23	Mi /We	23	Fr / Fr	23	Mo / Mo
24	Do / Th	24	Sa / Sa	24	Di / Tu
25	Fr / Fr	25	So / Su	25	Mi /We
26	Sa / Sa	26	Mo / Mo	26	Do / Th
27	So / Su	27	Di / Tu	27	Fr / Fr
28	Mo / Mo	28	Mi /We	28	Sa / Sa
29	Di / Tu	29	Do / Th	29	So / Su
30	Mi /We	30	Fr / Fr	30	Mo / Mo
		31	Sa / Sa	31	Di / Tu

FEB / FEB 2017	MÄR / MAR 2017	APR / APR 2017
1 Mi /We	1 Mi /We	1 Sa / Sa
2 Do / Th	2 Do / Th	2 So / Su
3 Fr / Fr	3 Fr / Fr	3 Mo / Mo
4 Sa / Sa	4 Sa / Sa	4 Di / Tu
5 So / Su	5 So / Su	5 Mi /We
6 Mo / Mo	6 Mo / Mo	6 Do / Th
7 Di / Tu	7 Di / Tu	7 Fr / Fr
8 Mi /We	8 Mi /We	8 Sa / Sa
9 Do / Th	9 Do / Th	9 So / Su
10 Fr / Fr	10 Fr / Fr	10 Mo / Mo
11 Sa / Sa	11 Sa / Sa	11 Di / Tu
12 So / Su	12 So / Su	12 Mi /We
13 Mo / Mo	13 Mo / Mo	13 Do / Th
14 Di / Tu	14 Di / Tu	14 Fr / Fr
15 Mi /We	15 Mi /We	15 Sa / Sa
16 Do / Th	16 Do / Th	16 So / Su
17 Fr / Fr	17 Fr / Fr	17 Mo / Mo
18 Sa / Sa	18 Sa / Sa	18 Di / Tu
19 So / Su	19 So / Su	19 Mi /We
20 Mo / Mo	20 Mo / Mo	20 Do / Th
21 Di / Tu	21 Di / Tu	21 Fr / Fr
22 Mi /We	22 Mi /We	22 Sa / Sa
23 Do / Th	23 Do / Th	23 So / Su
24 Fr / Fr	24 Fr / Fr	24 Mo / Mo
25 Sa / Sa	25 Sa / Sa	25 Di / Tu
26 So / Su	26 So / Su	26 Mi /We
27 Mo / Mo	27 Mo / Mo	27 Do / Th
28 Di / Tu	28 Di / Tu	28 Fr / Fr
	29 Mi /We	29 Sa / Sa
	30 Do / Th	30 So / Su
	31 Fr / Fr	

MAI / MAY 2017		JUN / JUN 2017		JUL / JUL 2017	
1	Mo / Mo	1	Do / Th	1	Sa / Sa
2	Di / Tu	2	Fr / Fr	2	So / Su
3	Mi /We	3	Sa / Sa	3	Mo / Mo
4	Do / Th	4	So / Su	4	Di / Tu
5	Fr / Fr	5	Mo / Mo	5	Mi /We
6	Sa / Sa	6	Di / Tu	6	Do / Th
7	So / Su	7	Mi /We	7	Fr / Fr
8	Mo / Mo	8	Do / Th	8	Sa / Sa
9	Di / Tu	9	Fr / Fr	9	So / Su
10	Mi /We	10	Sa / Sa	10	Mo / Mo
11	Do / Th	11	So / Su	11	Di / Tu
12	Fr / Fr	12	Mo / Mo	12	Mi /We
13	Sa / Sa	13	Di / Tu	13	Do / Th
14	So / Su	14	Mi /We	14	Fr / Fr
15	Mo / Mo	15	Do / Th	15	Sa / Sa
16	Di / Tu	16	Fr / Fr	16	So / Su
17	Mi /We	17	Sa / Sa	17	Mo / Mo
18	Do / Th	18	So / Su	18	Di / Tu
19	Fr / Fr	19	Mo / Mo	19	Mi /We
20	Sa / Sa	20	Di / Tu	20	Do / Th
21	So / Su	21	Mi /We	21	Fr / Fr
22	Mo / Mo	22	Do / Th	22	Sa / Sa
23	Di / Tu	23	Fr / Fr	23	So / Su
24	Mi /We	24	Sa / Sa	24	Mo / Mo
25	Do / Th	25	So / Su	25	Di / Tu
26	Fr / Fr	26	Mo / Mo	26	Mi /We
27	Sa / Sa	27	Di / Tu	27	Do / Th
28	So / Su	28	Mi /We	28	Fr / Fr
29	Mo / Mo	29	Do / Th	29	Sa / Sa
30	Di / Tu	30	Fr / Fr	30	So / Su
31	Mi /We			31	Mo / Mo

August / August 2016

1 Montag / Monday

2 Dienstag / Tuesday

3 Mittwoch / Wednesday

August / August

4 Donnerstag / Thursday

5 Freitag / Friday

6 Samstag / Saturday

7 Sonntag / Sunday

Woche / Week 31

August / August   2016

8 Montag / Monday

9 Dienstag / Tuesday

10 Mittwoch / Wednesday

August / August

11 Donnerstag / Thursday

12 Freitag / Friday

13 Samstag / Saturday

14 Sonntag / Sunday

Woche / Week 32

August / August　　　　　　　　　　2016

15 Montag / Monday　　　　　　　　　　Mariä Himmelfahrt

16 Dienstag / Tuesday

17 Mittwoch / Wednesday

August / August

18 Donnerstag / Thursday

19 Freitag / Friday

20 Samstag / Saturday

21 Sonntag / Sunday

Woche / Week 33

August / August   2016

22 Montag / Monday

23 Dienstag / Tuesday

24 Mittwoch / Wednesday

August / August

25 Donnerstag / Thursday

26 Freitag / Friday

27 Samstag / Saturday

28 Sonntag / Sunday

Woche / Week 34

August / August   2016

29 Montag / Monday

30 Dienstag / Tuesday

31 Mittwoch / Wednesday

September / September

1 Donnerstag / Thursday

2 Freitag / Friday

3 Samstag / Saturday

4 Sonntag / Sunday

Woche / Week 35

September / September　　　　　　　　2016

5 Montag / Monday

6 Dienstag / Tuesday

7 Mittwoch / Wednesday

September / September

8 Donnerstag / Thursday

9 Freitag / Friday

10 Samstag / Saturday

11 Sonntag / Sunday

Woche / Week 36

September / September   2016

12 Montag / Monday

13 Dienstag / Tuesday

14 Mittwoch / Wednesday

September / September

15 Donnerstag / Thursday

16 Freitag / Friday

17 Samstag / Saturday

18 Sonntag / Sunday

Woche / Week 37

September / September   2016

19 Montag / Monday

20 Dienstag / Tuesday

21 Mittwoch / Wednesday

September / September

22 Donnerstag / Thursday   Herbstanfang

23 Freitag / Friday

24 Samstag / Saturday

25 Sonntag / Sunday

Woche / Week 38

September / September 2016

26 Montag / Monday

27 Dienstag / Tuesday

28 Mittwoch / Wednesday

September / September | Oktober / October

29 Donnerstag / Thursday

30 Freitag / Friday

1 Samstag / Saturday

2 Sonntag / Sunday

Woche / Week 39

Oktober / October   2016

3 Montag / Monday   Tag der Deutschen Einheit (D)

4 Dienstag / Tuesday

5 Mittwoch / Wednesday

Oktober / October

6 Donnerstag / Thursday

7 Freitag / Friday

8 Samstag / Saturday

9 Sonntag / Sunday

Woche / Week 40

Oktober / October   2016

10 Montag / Monday

11 Dienstag / Tuesday

12 Mittwoch / Wednesday

Oktober / October

13 Donnerstag / Thursday

14 Freitag / Friday

15 Samstag / Saturday

16 Sonntag / Sunday

Woche / Week 41

Oktober / October   2016

17 Montag / Monday

18 Dienstag / Tuesday

19 Mittwoch / Wednesday

Oktober / October

20 Donnerstag / Thursday

21 Freitag / Friday

22 Samstag / Saturday

23 Sonntag / Sunday

Woche / Week 42

Oktober / October   2016

24 Montag / Monday

25 Dienstag / Tuesday

26 Mittwoch / Wednesday Nationalfeiertag (Österreich)

Oktober / October

27 Donnerstag / Thursday

28 Freitag / Friday

29 Samstag / Saturday

30 Sonntag / Sunday

Start Winterzeit

Woche / Week 43

Oktober / October | November / November 2016

31 Montag / Monday　　　　　　　　　　　　　　　　　Reformationstag (D)

1 Dienstag / Tuesday　　　　　　　　　　　　　　　　Allerheiligen / All Saints Day

2 Mittwoch / Wednesday

November / November

3 Donnerstag / Thursday

4 Freitag / Friday

5 Samstag / Saturday

6 Sonntag / Sunday

Woche / Week 44

November / November   2016

7 Montag / Monday

8 Dienstag / Tuesday

9 Mittwoch / Wednesday

November / November

10 Donnerstag / Thursday

11 Freitag / Friday

12 Samstag / Saturday

13 Sonntag / Sunday

Woche / Week 45

November / November 2016

14 Montag / Monday

15 Dienstag / Tuesday

16 Mittwoch / Wednesday　　　　　　　　　　　　　　Buß- und Bettag (D)

November / November

17 Donnerstag / Thursday

18 Freitag / Friday

19 Samstag / Saturday

20 Sonntag / Sunday

Woche / Week 46

November / November　　　　　　　　2016

21 Montag / Monday

22 Dienstag / Tuesday

23 Mittwoch / Wednesday

November / November

24 Donnerstag / Thursday

25 Freitag / Friday

26 Samstag / Saturday

27 Sonntag / Sunday 1. Advent

Woche / Week 47

Nov / Nov   2016

28 Montag / Monday

29 Dienstag / Tuesday

30 Mittwoch / Wednesday

Dezember / December

1 Donnerstag / Thursday

2 Freitag / Friday

3 Samstag / Saturday

4 Sonntag / Sunday
2. Advent

Woche / Week 48

Dezember / December 2016

5 Montag / Monday

6 Dienstag / Tuesday

7 Mittwoch / Wednesday

Dezember / December

8 Donnerstag / Thursday Mariä Empfängnis (Öster./Schweiz)

9 Freitag / Friday

10 Samstag / Saturday

11 Sonntag / Sunday 3. Advent

Woche / Week 49

Dezember / December   2016

12 Montag / Monday

13 Dienstag / Tuesday

14 Mittwoch / Wednesday

Dezember / December

15 Donnerstag / Thursday

16 Freitag / Friday

17 Samstag / Saturday

18 Sonntag / Sunday 4. Advent

Woche / Week 50

Dezember / December   2016

19 Montag / Monday

20 Dienstag / Tuesday

21 Mittwoch / Wednesday   Winteranfang

Dezember / December

22 Donnerstag / Thursday

23 Freitag / Friday

24 Samstag / Saturday
Heiligabend / Christmas Eve

25 Sonntag / Sunday
1. Weihnachtstag / Christmas Day

Woche / Week 51

Dezember / December 2016

26 Montag / Monday — 2. Weihnachtstag / Boxing Day

27 Dienstag / Tuesday

28 Mittwoch / Wednesday

Dezember / December | Januar / January

29 Donnerstag / Thursday

30 Freitag / Friday

31 Samstag / Saturday Silvester / New Year's Eve

1 Sonntag / Sunday Neujahr / New Year's Day

Woche / Week 52

Januar / January 2017

2 Montag / Monday

3 Dienstag / Tuesday

4 Mittwoch / Wednesday

Januar / January

5 Donnerstag / Thursday

6 Freitag / Friday   Heilige Drei Könige

7 Samstag / Saturday

8 Sonntag / Sunday

Woche / Week 1

Januar / January 2017

9 Montag / Monday

10 Dienstag / Tuesday

11 Mittwoch / Wednesday

Januar / January

12 Donnerstag / Thursday

13 Freitag / Friday

14 Samstag / Saturday

15 Sonntag / Sunday

Woche / Week 2

Januar / January 2017

16 Montag / Monday

17 Dienstag / Tuesday

18 Mittwoch / Wednesday

Januar / January

19 Donnerstag / Thursday

20 Freitag / Friday

21 Samstag / Saturday

22 Sonntag / Sunday

Woche / Week 3

Januar / January 2017

23 Montag / Monday

24 Dienstag / Tuesday

25 Mittwoch / Wednesday

Januar / January

26 Donnerstag / Thursday

27 Freitag / Friday

28 Samstag / Saturday

29 Sonntag / Sunday

Januar / January | Februar / February 2017

30 Montag / Monday

31 Dienstag / Tuesday

1 Mittwoch / Wednesday

Februar / February

2 Donnerstag / Thursday

3 Freitag / Friday

4 Samstag / Saturday

5 Sonntag / Sunday

Woche / Week 5

Februar / February 2017

6 Montag / Monday

7 Dienstag / Tuesday

8 Mittwoch / Wednesday

Februar / February

9 Donnerstag / Thursday

10 Freitag / Friday

11 Samstag / Saturday

12 Sonntag / Sunday

Woche / Week 6

Februar / February   2017

13 Montag / Monday

14 Dienstag / Tuesday

15 Mittwoch / Wednesday

Februar / February

16 Donnerstag / Thursday

17 Freitag / Friday

18 Samstag / Saturday

19 Sonntag / Sunday

Woche / Week 7

Februar / February 2017

20 Montag / Monday

21 Dienstag / Tuesday

22 Mittwoch / Wednesday

Februar / February

23 Donnerstag / Thursday

24 Freitag / Friday

25 Samstag / Saturday

26 Sonntag / Sunday

Woche / Week 8

Februar / February | März / March   2017

27 Montag / Monday   Rosenmontag

28 Dienstag / Tuesday

1 Mittwoch / Wednesday

März / March

2 Donnerstag / Thursday

3 Freitag / Friday

4 Samstag / Saturday

5 Sonntag / Sunday

Woche / Week 9

März / March 2017

6 Montag / Monday

7 Dienstag / Tuesday

8 Mittwoch / Wednesday

März / March

9 Donnerstag / Thursday

10 Freitag / Friday

11 Samstag / Saturday

12 Sonntag / Sunday

Woche / Week 10

März / March   2017

13 Montag / Monday

14 Dienstag / Tuesday

15 Mittwoch / Wednesday

März / March

16 Donnerstag / Thursday

17 Freitag / Friday

18 Samstag / Saturday

19 Sonntag / Sunday St.Josef (Österr./Schweiz)

Woche / Week 11

März / March 2017

20 Montag / Monday — Frühlingsanfang

21 Dienstag / Tuesday

22 Mittwoch / Wednesday

März / March

23 Donnerstag / Thursday

24 Freitag / Friday

25 Samstag / Saturday

26 Sonntag / Sunday　　　　　　　　　　　　　　Start Sommerzeit

Woche / Week 12

März / March   2017

27 Montag / Monday

28 Dienstag / Tuesday

29 Mittwoch / Wednesday

März / March | April / April

30 Donnerstag / Thursday

31 Freitag / Friday

1 Samstag / Saturday

2 Sonntag / Sunday

Woche / Week 13

April / April   2017

3 Montag / Monday

4 Dienstag / Tuesday

5 Mittwoch / Wednesday

April / April

6 Donnerstag / Thursday

7 Freitag / Friday

8 Samstag / Saturday

9 Sonntag / Sunday

Woche / Week 14

April / April   2017

10 Montag / Monday

11 Dienstag / Tuesday

12 Mittwoch / Wednesday

April / April

13 Donnerstag / Thursday

14 Freitag / Friday

Karfreitag / Good Friday

15 Samstag / Saturday

16 Sonntag / Sunday

Ostersonntag / Easter Sunday

Woche / Week 15

April / April　　　　　　　　　　2017

17 Montag / Monday　　　　　　　　Ostermontag / Easter Monday

18 Dienstag / Tuesday

19 Mittwoch / Wednesday

April / April

20 Donnerstag / Thursday

21 Freitag / Friday

22 Samstag / Saturday

23 Sonntag / Sunday

Woche / Week 16

April / April   2017

24 Montag / Monday

25 Dienstag / Tuesday

26 Mittwoch / Wednesday

April / April

27 Donnerstag / Thursday

28 Freitag / Friday

29 Samstag / Saturday

30 Sonntag / Sunday

Woche / Week 17

Mai / May 2017

1 Montag / Monday Tag der Arbeit (Deutschl, Schweiz), Staatsfeiertag (Österr.)

2 Dienstag / Tuesday

3 Mittwoch / Wednesday

Mai / May

4 Donnerstag / Thursday

5 Freitag / Friday

6 Samstag / Saturday

7 Sonntag / Sunday

Woche / Week 18

Mai / May 2017

8 Montag / Monday

9 Dienstag / Tuesday

10 Mittwoch / Wednesday

Mai / May

11 Donnerstag / Thursday

12 Freitag / Friday

13 Samstag / Saturday

14 Sonntag / Sunday

Muttertag

Woche / Week 19

Mai / May 2017

15 Montag / Monday

16 Dienstag / Tuesday

17 Mittwoch / Wednesday

Mai / May

18 Donnerstag / Thursday

19 Freitag / Friday

20 Samstag / Saturday

21 Sonntag / Sunday

Woche / Week 20

Mai / May   2017

22 Montag / Monday

23 Dienstag / Tuesday

24 Mittwoch / Wednesday

Mai / May

25 Donnerstag / Thursday
Christi Himmelfahrt / Ascension Day

26 Freitag / Friday

27 Samstag / Saturday

28 Sonntag / Sunday

Woche / Week 21

Mai / May 2017

29 Montag / Monday

30 Dienstag / Tuesday

31 Mittwoch / Wednesday

Juni / June

1 Donnerstag / Thursday

2 Freitag / Friday

3 Samstag / Saturday

4 Sonntag / Sunday Pfingstsonntag

Woche / Week 22

Juni / June   2017

5 Montag / Monday   Pfingstmontag

6 Dienstag / Tuesday

7 Mittwoch / Wednesday

Juni / June

8 Donnerstag / Thursday

9 Freitag / Friday

10 Samstag / Saturday

11 Sonntag / Sunday

Woche / Week 23

Juni / June 2017

12 Montag / Monday

13 Dienstag / Tuesday

14 Mittwoch / Wednesday

Juni / June

15 Donnerstag / Thursday　　　　　　　　　　　　　　　　　Fronleichnam

16 Freitag / Friday

17 Samstag / Saturday

18 Sonntag / Sunday

Woche / Week 24

Juni / June   2017

19 Montag / Monday

20 Dienstag / Tuesday

21 Mittwoch / Wednesday   Sommeranfang

Juni / June

22 Donnerstag / Thursday

23 Freitag / Friday

24 Samstag / Saturday

25 Sonntag / Sunday

Woche / Week 25

Juni / June — 2017

26 Montag / Monday

27 Dienstag / Tuesday

28 Mittwoch / Wednesday

Juni / June | Juli / July

29 Donnerstag / Thursday

30 Freitag / Friday

1 Samstag / Saturday

2 Sonntag / Sunday

Woche / Week 26

Juli / July 2017

3 Montag / Monday

4 Dienstag / Tuesday

5 Mittwoch / Wednesday

Juli / July

6 Donnerstag / Thursday

7 Freitag / Friday

8 Samstag / Saturday

9 Sonntag / Sunday

Woche / Week 27

Juli / July 2017

10 Montag / Monday

11 Dienstag / Tuesday

12 Mittwoch / Wednesday

Juli / July

13 Donnerstag / Thursday

14 Freitag / Friday

15 Samstag / Saturday

16 Sonntag / Sunday

Woche / Week 28

Juli / July   2017

17 Montag / Monday

18 Dienstag / Tuesday

19 Mittwoch / Wednesday

Juli / July

20 Donnerstag / Thursday

21 Freitag / Friday

22 Samstag / Saturday

23 Sonntag / Sunday

Woche / Week 29

Juli / July   2017

24 Montag / Monday

25 Dienstag / Tuesday

26 Mittwoch / Wednesday

Juli / July

27 Donnerstag / Thursday

28 Freitag / Friday

29 Samstag / Saturday

30 Sonntag / Sunday

Woche / Week 30

Juli / July | August / August 2017

31 Montag / Monday

1 Dienstag / Tuesday Nationalfeiertag Schweiz

2 Mittwoch / Wednesday

AUG / AUG	2017	SEP / SEP	2017	OKT / OCT	2017
1	Di / Tu	1	Fr / Fr	1	So / Su
2	Mi / We	2	Sa / Sa	2	Mo / Mo
3	Do / Th	3	So / Su	3	Di / Tu
4	Fr / Fr	4	Mo / Mo	4	Mi / We
5	Sa / Sa	5	Di / Tu	5	Do / Th
6	So / Su	6	Mi / We	6	Fr / Fr
7	Mo / Mo	7	Do / Th	7	Sa / Sa
8	Di / Tu	8	Fr / Fr	8	So / Su
9	Mi / We	9	Sa / Sa	9	Mo / Mo
10	Do / Th	10	So / Su	10	Di / Tu
11	Fr / Fr	11	Mo / Mo	11	Mi / We
12	Sa / Sa	12	Di / Tu	12	Do / Th
13	So / Su	13	Mi / We	13	Fr / Fr
14	Mo / Mo	14	Do / Th	14	Sa / Sa
15	Di / Tu	15	Fr / Fr	15	So / Su
16	Mi / We	16	Sa / Sa	16	Mo / Mo
17	Do / Th	17	So / Su	17	Di / Tu
18	Fr / Fr	18	Mo / Mo	18	Mi / We
19	Sa / Sa	19	Di / Tu	19	Do / Th
20	So / Su	20	Mi / We	20	Fr / Fr
21	Mo / Mo	21	Do / Th	21	Sa / Sa
22	Di / Tu	22	Fr / Fr	22	So / Su
23	Mi / We	23	Sa / Sa	23	Mo / Mo
24	Do / Th	24	So / Su	24	Di / Tu
25	Fr / Fr	25	Mo / Mo	25	Mi / We
26	Sa / Sa	26	Di / Tu	26	Do / Th
27	So / Su	27	Mi / We	27	Fr / Fr
28	Mo / Mo	28	Do / Th	28	Sa / Sa
29	Di / Tu	29	Fr / Fr	29	So / Su
30	Mi / We	30	Sa / Sa	30	Mo / Mo
31	Do / Th			31	Di / Tu

NOV / NOV		2017	DEZ / DEC		2017	JAN / JAN		2018
1	Mi /We		1	Fr / Fr		1	Mo / Mo	
2	Do / Th		2	Sa / Sa		2	Di / Tu	
3	Fr / Fr		3	So / Su		3	Mi /We	
4	Sa / Sa		4	Mo / Mo		4	Do / Th	
5	So / Su		5	Di / Tu		5	Fr / Fr	
6	Mo / Mo		6	Mi /We		6	Sa / Sa	
7	Di / Tu		7	Do / Th		7	So / Su	
8	Mi /We		8	Fr / Fr		8	Mo / Mo	
9	Do / Th		9	Sa / Sa		9	Di / Tu	
10	Fr / Fr		10	So / Su		10	Mi /We	
11	Sa / Sa		11	Mo / Mo		11	Do / Th	
12	So / Su		12	Di / Tu		12	Fr / Fr	
13	Mo / Mo		13	Mi /We		13	Sa / Sa	
14	Di / Tu		14	Do / Th		14	So / Su	
15	Mi /We		15	Fr / Fr		15	Mo / Mo	
16	Do / Th		16	Sa / Sa		16	Di / Tu	
17	Fr / Fr		17	So / Su		17	Mi /We	
18	Sa / Sa		18	Mo / Mo		18	Do / Th	
19	So / Su		19	Di / Tu		19	Fr / Fr	
20	Mo / Mo		20	Mi /We		20	Sa / Sa	
21	Di / Tu		21	Do / Th		21	So / Su	
22	Mi /We		22	Fr / Fr		22	Mo / Mo	
23	Do / Th		23	Sa / Sa		23	Di / Tu	
24	Fr / Fr		24	So / Su		24	Mi /We	
25	Sa / Sa		25	Mo / Mo		25	Do / Th	
26	So / Su		26	Di / Tu		26	Fr / Fr	
27	Mo / Mo		27	Mi /We		27	Sa / Sa	
28	Di / Tu		28	Do / Th		28	So / Su	
29	Mi /We		29	Fr / Fr		29	Mo / Mo	
30	Do / Th		30	Sa / Sa		30	Di / Tu	
			31	So / Su		31	Mi /We	

Adressen / Adresses

Adressen / Adresses

Adressen / Adresses

Notizen / Notes

Notizen / Notes

Notizen / Notes

Notizen / Notes

Notizen / Notes

Notizen / Notes

Weitere Bücher der FUNCRAFT Reihe:

Titel	Alter	ISBN
Funcraft - Das beste inoffizielle Mathe Ausmalbuch für Minecraft Fans (6-10 Jahre)	6-10	9783743196919
Funcraft - Das inoffizielle Mathe Ausmalbuch: Minecraft Minis (Cover Hase)	6-10	9783734781452
Funcraft - Das inoffizielle Mathe Ausmalbuch: Minecraft Minis (Cover Zombie)	6-10	9783743163744
Funcraft - Das inoffizielle Mathe Ausmalbuch: Minecraft Minis (Cover Dragon)	6-10	9783743182417
Funcraft - Das inoffizielle Mathe Ausmalbuch: Superhelden im Minecraft Skin (Cover Batman)	6-10	9783743192904
Funcraft - Das inoffizielle Mathe Ausmalbuch: Superhelden im Minecraft Skin (Cover Superman)	6-10	9783743192836
Funcraft - Das inoffizielle Witzebuch für Minecraft Fans	8-14	9783743192539
Funcraft - Noch mehr inoffizielle Witze für Minecraft Fans	8-14	9783743192607
Funcraft - Die besten inoffiziellen Witze für Minecraft Fans	8-14	9783743193192
Funcraft - Die lustigsten inoffiziellen Witze für Minecraft Fans	8-14	9783743195240
Funcraft - Das inoffizielle Rätselbuch für Minecraft Fans	8-14	9783743195387
Funcraft - Noch mehr inoffizielle Rätsel für Minecraft Fans	8-14	9783743195400
Funcraft - Das inoffizielle Offline Spielebuch für Minecraft Fans	8-14	9783743195424
Funcraft - Das inoffizielle Quizbuch für Minecraft Fans	8-14	9783741291203
Funcraft - Noch mehr inoffizielle Quizfragen für Minecraft Fans	8-14	9783739235592
Funcraft - Das inoffizielle Rekordebuch für Minecraft Fans	8-14	9783743165502
Funcraft - Das inoffizielle Hausaufgabenbuch für Minecraft Fans	8-14	9783743177666
Funcraft - Aufstand in Germanien (Ein Minecraft inspirierter Roman)	12-99	9783743196858
Funcraft - Eiszeitjäger: Auf der Fährte des Löwen (Ein Minecraft inspirierter Roman)	12-99	9783743196865
Funcraft - Das beste inoffizielle Notizbuch (liniert) für Minecraft Fans	6-99	9783743196872
Funcraft - Das inoffizielle Notizbuch (kariert) für Minecraft Fans	6-99	9783743196889
Funcraft - Frohes Neues Jahr an alle Minecraft Fans! (inoffizielles Notizbuch) - Das	6-99	9783743196896
Funcraft - Fröhliche Weihnachten an alle Minecraft Fans! (Inoffizielles Notizbuch)	6-99	9783743196902
Passwort Logbuch für Minecraft Fans	6-99	9783743163928
Pokefun - Das inoffizielle Witzebuch für Pokemon GO Fans	6-99	9783743109780
Pokefun - Das inoffizielle Quizbuch für Pokemon GO Fans	6-99	9783743109827
Pokefun - Das inoffizielle Notizbuch (Team Rot) für Pokemon GO Fans	6-99	9783743109841
Pokefun - Das inoffizielle Notizbuch (Team Gelb) für Pokemon GO Fans	6-99	9783743109858
Pokefun - Das inoffizielle Notizbuch (Team Blau) für Pokemon GO Fans	6-99	9783743109865
Pokefun - Das absolut inoffizielle Notizbuch für Pokemon GO Fans	6-99	9783743109834
Weltbester Radfahrer - Notizbuch	6-99	9783738610161
Weltbester Inline Skater - Notizbuch	6-99	9783738610178
Weltbester Skifahrer - Notizbuch	6-99	9783738610185
Weltbester Snowboarder - Notizbuch	6-99	9783738610192
Weltbester Sportler - Notizbuch	6-99	9783738610208
Weltbester Surfer - Notizbuch	6-99	9783738610215
Weltbester Taucher - Notizbuch	6-99	9783738610222
Weltbester Tennisspieler - Notizbuch	6-99	9783738610239
Weltbester Volleyballer - Notizbuch	6-99	9783738610246
Weltbester Wassersportler - Notizbuch	6-99	9783738610253

Von Theo von Taane gibt es weit mehr als 200 Witzebücher, Notizbücher, Romane, Spiele, Tools, Sportbücher und Kalender. Im Store einfach mal nach „Theo Taane" suchen.
Viel Spaß!